1. Lesestufe

Anja Kiel • Susanne Becker

Die besten Leseraben-Pferdegeschichten

Mit Bildern von Florentine Prechtel
und Cathy Ionescu

Ravensburger

Bibliografische Information der Deutschen Nationalbibliothek:

Die Deutsche Nationalbibliothek verzeichnet diese Publikation
in der Deutschen Nationalbibliografie.
Detaillierte bibliografische Daten sind im Internet
über http://dnb.d-nb.de abrufbar.

1 3 5 4 2

Ravensburger Leserabe
Diese Ausgabe enthält die Bände
„Luna und das fliegende Pferd" von Anja Kiel
mit Illustrationen von Florentine Prechtel,
„Ein Pony will hoch hinaus" von Susanne Becker
mit Illustrationen von Cathy Ionescu
© 2021, 2020
Ravensburger Verlag GmbH

© 2024 Ravensburger Verlag GmbH
Postfach 2460, 88194 Ravensburg
für die vorliegende Ausgabe

Umschlagbild: Màriam Ben-Arab
Konzept Leserätsel: Dr. Birgitta Reddig-Korn
Printed in Germany
ISBN 978-3-473-46320-6

ravensburger.com
www.leserabe.de

Inhalt

Anja Kiel

Luna und
das fliegende Pferd

Mit Bildern von Florentine Prechtel

Inhalt

Blöder Bruder

Luna ist sauer.
So sauer!
Sie kann gar nicht einschlafen.
Ihr fliegendes Pferd Stella
sieht furchtbar aus.

Daran ist Leon schuld.
Lunas kleiner Bruder
hat das Spielzeug bemalt.
Mit einem blauen Stift.
Die Farbe geht nicht mehr ab.
Nicht mal mit Lunas Himbeer-Seife.

Luna wälzt sich im Bett herum.

Da öffnet jemand die Tür.

„Luna?", flüstert Leon.

„Bist du wach?"

Luna kneift die Augen zu.

Leon tappt zu ihr.

„Ich kann nicht schlafen.

Der Mond scheint so hell."

Luna dreht sich weg.

„Bist du noch böse?", fragt Leon.
Er wartet.
Dann schleicht er aus dem Zimmer
und schließt leise die Tür.

Luna schreckt hoch.
Hat sie doch geschlafen?
Der Vollmond leuchtet direkt
in ihr Zimmer.
Sein Licht fällt
auf Lunas fliegendes Pferd.

Träumt Luna?
Oder hat sich Stella gerade
wirklich bewegt?
Ja, das Pferd schlägt
mit den Flügeln!
Luna sitzt kerzengerade im Bett.

Das Pferd wiehert leise.
„Hallo, Luna", wispert es.
Luna reibt sich die Augen.
Vor Staunen bringt sie
kein Wort heraus.

Hilfe für Stella?

„Ich brauche deine Hilfe."
Stella schnieft.
„Heute versammeln sich
die magischen Wesen im Märchenwald.
Bei jedem siebten Vollmond
treffen wir uns
am verzauberten See."

Märchenwald? Verzauberter See?
„Das ist ja toll!",
sagt Luna aufgeregt.

Stella schüttelt die Mähne.
„So kann ich nicht hingehen.
Ich sehe furchtbar aus."

Dieser doofe Leon!
„Kannst du die Flecken
nicht einfach ... wegzaubern?",
fragt Luna.

Stella schnaubt traurig.
„Zaubern kann ich nur für andere,
nicht für mich."

Wieder öffnet sich die Zimmertür.
„Luna?", flüstert Leon.
„Mit wem sprichst du?"

Stella dreht sich zu ihm.
Sie zuckt mit den Ohren.
Ihre Flügel beben.

Leon starrt das Pferd an.
„Es lebt!", stößt er hervor.

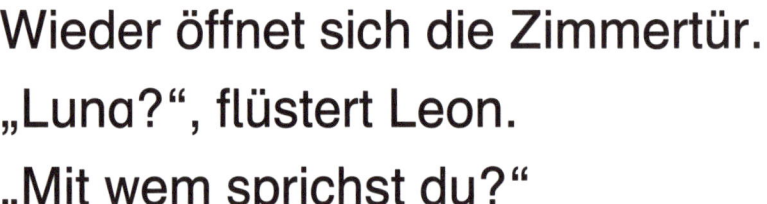

„Ja", knurrt Luna.
„Es lebt, und es möchte
zum Treffen der magischen Wesen
im Märchenwald.
Aber es traut sich nicht.
Wegen deiner Schmiererei."

„Es tut mir so leid!"
Leons Augen schimmern feucht.
„Zu spät", sagt Luna.

„Ich ... ich habe eine Idee ...",
sagt Leon.
Er läuft aus dem Zimmer.

Als er wiederkommt,
hält er Luna eine kleine Dose hin.
„Gold" steht darauf.
„Wir machen Stella wieder schön",
sagt Leon.

„Sicher?", fragt Luna.
Sie weiß, dass die Farbe
Leons Schatz ist.
Niemand sonst darf damit malen.
Eigentlich.

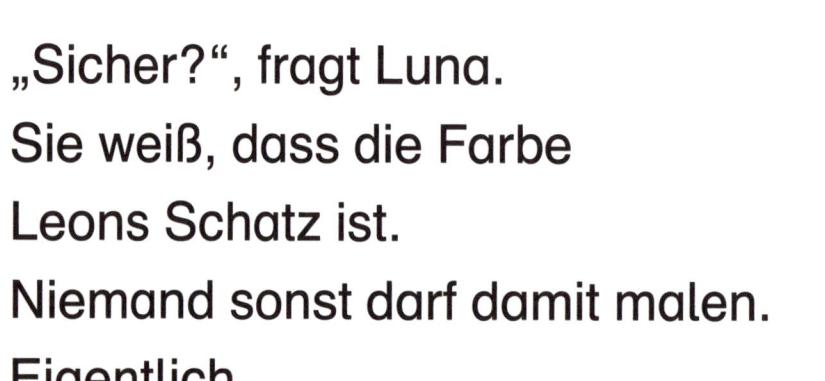

Viele, viele Sterne

Luna holt zwei feine Pinsel
aus ihrem Tuschkasten.
Sie nimmt ihren Zeichenblock
als Unterlage für Stella.

Das Pferd hält ganz still.
Luna und Leon zeichnen
winzige goldene Sterne
auf Stellas Fell.
Sterne und Planeten
und Sternschnuppen.

Bald schimmert Stellas Fell
wie ein Märchenhimmel.

Die Farbdose ist fast leer.
„Egal." Leon lächelt.
„Hauptsache,
Stella ist wieder schön."

„Ihr seid Künstler!",
sagt das fliegende Pferd.
„Und ich habe
eine Belohnung für euch."

Eine Belohnung?
Luna und Leon sind gespannt.

„Ich kann euch für 77 Minuten
klein zaubern", erklärt Stella.
„So klein, dass ihr
auf meinem Rücken reiten könnt.
Dann dürft ihr mitkommen
zum Märchenwald."

Leon zögert.

Aber Luna ist begeistert.

Auf einem fliegenden Pferd reiten?

Das hat sie sich

schon immer gewünscht.

„Na los!", sagt sie zu Leon.

„Wir machen das zusammen."

Leon holt tief Luft.
Dann nickt er.

Stella schnaubt.
Nach und nach beginnt sie,
von innen zu leuchten.
Ganz hell schimmern
die Sterne auf ihrem Fell.

Das Pferd murmelt:
„Vollmond, hell und zauberhaft,
verbinde mit mir deine Kraft.
Diese Kinder sollen sein
wie zwei Elfen winzig klein."

Funken blitzen auf.
Luna fühlt ein Prickeln
im ganzen Körper.
Schnell nimmt sie Leons Hand.

Plötzlich verändert sich
Lunas Zimmer.
Es wächst und wächst.
Bett und Schrank werden riesig!

Nein,
Luna und Leon werden klein!
Winzig klein.

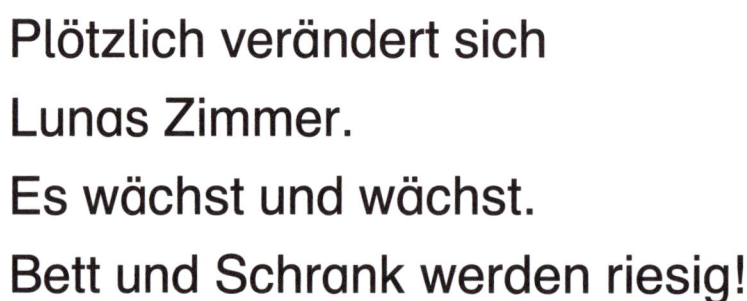

Sie helfen sich gegenseitig dabei,
auf Stellas Rücken zu klettern.
Das Pferd schlägt mit den Flügeln.
Schon geht es los!
Durch das gekippte Fenster
sausen sie in die Nacht hinaus.

Nur geträumt?

Höher und höher steigen sie.
Die Häuser unter ihnen
sehen aus wie Spielzeug.
Bald schweben sie über einem Wald.
Ist es der Märchenwald?

Vorsichtig sinkt Stella
zwischen die Bäume.
Sie landet hinter einem Felsen.

Luna und Leon rutschen
von Stellas Rücken.
Sie suchen sich einen Platz
mit Blick auf den See.

Am Ufer haben sich
viele magische Wesen versammelt.
Stella trabt zu ihnen.
Sofort wird sie umringt
von Zwergen, Elfen und Drachen.

Luna und Leon reißen die Augen auf,
um nichts zu verpassen.

Sie bewundern den Tanz der Elfen.
Sie beobachten, wie die Drachen
Figuren aus Feuer spucken.
Sie staunen über die Zwerge,
die auf den Händen laufen
und Saltos schlagen.

„Du bist heute die Schönste!",
sagt die Elfen-Königin zu Stella.
Sie steckt ihr eine
goldene Schleife in die Mähne.

Schon ist es Zeit
für die Heimreise.
Die 77 Minuten sind beinahe um.
Stella holt die Geschwister.
Sie nimmt sie auf den Rücken
und trägt sie wie der Wind
zurück in Lunas Zimmer.

Der Wecker klingelt.

Luna wacht auf.

Leon liegt neben ihr im Bett.

Auch er öffnet die Augen.

Die Geschwister schauen sich an
und laufen zu Stella.

Steif steht das Spielzeug-Pferd da.
Der Märchenwald? Der See?
Haben sie alles nur geträumt?
Stellas Fell glitzert.

„Luna, schau!"
Leon zeigt auf die Schleife
an Stellas Mähne.

Da zwinkert Stella.
Nur ganz kurz.
Oder doch nicht?
Luna hat ein warmes Gefühl
im Bauch.

Sie schaut zu Leon.
Er grinst sie verlegen an.
Schnell gibt sie ihrem Bruder
einen Kuss auf die Wange.
Schnell, bevor sie es
sich anders überlegen kann.

Leserabe
Leserätsel

Rätsel 1

Seltsam, seltsam

Welches Wort stimmt? Kreuze an!

Luna ist
- ○ satt.
- ○ sauer.
- ○ schlau.

Leon kann nicht
- ○ singen.
- ○ schlafen.
- ○ sehen.

Stella kann
- ○ zwitschern.
- ○ zählen.
- ○ zaubern.

Rätsel 2

Buchstaben heraushören

In welchen Wörtern hörst du den
Buchstaben I? Kreuze an!

Ordne die Bilder den Sätzen zu!

A) Luna schreckt hoch.

B) Luna und Leon bemalen Stellas Fell.

C) Luna gibt Leon einen Kuss.

1   **2**   **3**

Susanne Becker

Ein Pony will hoch hinaus

Mit Bildern von Cathy Ionescu

Inhalt

Klara und Pingo

Klara ist sechs Jahre alt.
Sie geht in die erste Klasse.
Klara geht gern in die Schule.

Aber noch lieber geht sie
auf den Reiterhof.

Dort wohnt Pingo,
ihr bester Freund.

Pingo hat blonde, lange Haare.
Seine Beine sind recht kurz,
und sein Po ist ziemlich dick.
Trotzdem kann er
sehr schnell laufen.

Auf dem Heimweg von der Schule
besucht Klara ihren Freund immer.

Wenn sie die Tür zum Stall öffnet,
spitzt Pingo die Ohren.
Er erkennt seine Freundin sofort
und wiehert, um sie zu begrüßen.

Pingo ist ein braunes Pony.
Klara darf auf ihm reiten,
so oft sie will.

Dafür kümmert sie sich
auch gut um Pingo.
Herr Renner, der Besitzer,
weiß das.

Heute ist Pingo unruhig.
Er tänzelt in der Box
hin und her
und schnauft dabei.

Klara geht zu ihm
und streichelt ihn am Hals.
„Was ist denn mit dir?",
fragt sie Pingo.
Aber er antwortet natürlich nicht.

„Soll ich dir was
aus der Schule erzählen?"
Jetzt nickt Pingo mit dem Kopf.
Also setzt sich Klara
neben ihm ins Stroh.

„Wir haben über Berufe geredet.
Wenn ich groß bin,
könnte ich Astronautin werden
und zum Mond fliegen."
Pingo schüttelt energisch den Kopf.

„Dann gehe ich zur Feuerwehr
und rette Menschen."
Auch das gefällt Pingo nicht.

„Du bist heute schlecht gelaunt",
lacht Klara.

Dann hat sie eine Idee.

„Ich weiß es!"

Pingo spitzt gespannt die Ohren.

„Ich werde Tierärztin."

Jetzt nickt das Pony
heftig mit dem Kopf.
Es scheint jedes Wort zu verstehen.

Ein Traum-Beruf für Pingo

„Und was willst du werden,
wenn du groß bist?",
fragt Klara.
Sie weiß, dass es auch für Pferde
viele Berufe gibt.

„Du könntest bei Hochzeiten
die Kutsche ziehen",
schlägt sie vor.
Doch das will Pingo
auf gar keinen Fall.

„Möchtest du lieber
mit Polizisten auf Streife gehen?"
Klara hat in der Stadt schon
reitende Polizisten gesehen.
Aber Pingo schüttelt den Kopf.

„Dann könntest du
auf einem Bauernhof arbeiten."
„Pwwww", schnaubt Pingo
und wirft seine Mähne hin und her.

„Da fällt mir nur noch eins ein",
sagt Klara. „Turnier-Pferd."
Endlich nickt Pingo freudig.

„Dann musst du aber
über Hindernisse springen",
erklärt Klara dem Pony.
Wieder nickt Pingo.

„Hahaha!", kommt es plötzlich
aus dem Gang vom Stall.
„Bist du blöd, Klara.
Pingo kann doch nicht
bei einem Turnier mitmachen!"

Das ist Basti.
Er schüttelt sich vor Lachen.

„Selber blöd!", schreit Klara
und legt den Arm um Pingos Hals.
Basti gibt immer damit an,
was er alles weiß.

„Du wirst schon sehen,
was Pingo alles schafft",
ruft Klara ihm zu.

„Das wäre doch gelacht",
flüstert sie Pingo ins Ohr
und gibt ihm zum Abschied
einen Kuss auf die Nase.

Übung macht den Meister

Am nächsten Tag nach der Schule
ist Klara wieder bei Pingo.

„Wenn du bei Turnieren
mitmachen willst,
dann schaffen wir das auch",
verspricht sie dem Pony.

Sie öffnet Pingos Box
und führt ihn hinaus.
„Pssst, leise", flüstert sie,
weil seine Hufe laut klappern.

Klara schleicht mit Pingo
in die Reithalle.
Um diese Zeit ist dort niemand.
Der Unterricht beginnt erst
um drei Uhr.

Im Sand stehen die Hindernisse,
an denen geübt wird.

Klara führt Pingo
zum ersten Hindernis.
„Spring mal drüber",
ruft sie und zieht am Zügel.

Aber Pingo rührt sich nicht.

„Vielleicht brauchst du
ein bisschen Anlauf",
schlägt Klara vor.

Sie rennt mit dem Pony
auf das nächste Hindernis zu.
Aber kurz davor
bleibt Pingo einfach stehen.

„Ist dir das zu hoch?",
fragt Klara.
„Sollen wir es mal
mit etwas Kleinerem versuchen?"

Klara sieht einen Holzbalken
im Sand liegen.
Sie führt das Pony hin.
Ohne Problem läuft Pingo darüber.

„Super", lobt Klara
und gibt ihm ein Leckerli.

Dann holt sie einen Ball.
Zuerst trabt Pingo einfach
um den Ball herum.

Klara übt mit ihm so lange,
bis er mit einem Satz
darüberspringt.

„Das reicht für heute",
lobt sie ihn.

Pingo schafft es!

Am nächsten Tag springt Pingo
sofort über den Ball.
Er hat sich die Übung gemerkt.

Deshalb holt Klara nun
eine kleine Holzkiste.

Wieder trabt das Pony
zuerst daran vorbei.

„Halt, Pingo", ruft Klara,
„du musst darüberspringen.
Sonst wirst du nie
ein Turnier-Pferd."

Klara übt eine ganze Weile
mit Pingo.
Dann springt er endlich
über die Holzkiste.

„Morgen üben wir mit einem Hocker",
kündigt Klara an.

Zwei ganze Wochen lang
übt Klara mit Pingo.
Danach schafft er es sogar,
über ein kleines Hindernis
zu springen.

„Ich hab's gewusst", strahlt Klara
und umarmt ihren Freund.

Sie läuft zu Basti.

„Ich hab jetzt keine Zeit",
mault der.

„Dann verpasst du was Tolles",
verkündet Klara geheimnisvoll.

„Was denn?", fragt Basti neugierig.

„Sag ich nicht."

Klara lacht und

läuft zur Reithalle zurück.

Nur kurze Zeit später
kommt Basti um die Ecke.
„Jetzt zeig schon deine Sensation",
brummt er.

Klara läuft mit Pingo
auf ein Hindernis zu.

„Das klappt nie!",
schreit Basti abfällig.

Aber das Pony springt
mit einem großen Satz
über das Hindernis.
„Bravo, Pingo!", lobt Klara.

„Das war doch bloß Zufall",
murmelt Basti mürrisch
und verschwindet ganz schnell.

Klara weiß es besser.
„Man kann alles schaffen,
wenn man wirklich will",
sagt ihre Mama immer.

Vielleicht hat sie recht.
Und vielleicht wird Klara
doch Astronautin,
wenn sie groß ist.

Leserabe
Leserätsel

Rätsel 1

Seltsam, seltsam

Welches Wort stimmt? Kreuze an!

Klara streichelt Pingo am
○ Huf.
○ Hals.
○ Hintern.

Pingos Hufe
○ klappern.
○ knacken.
○ kichern.

Die Hindernisse sind Pingo zu
○ heiß.
○ hübsch.
○ hoch.

Rätsel 2

Zahlen, Zahlen

Findest du die richtige Seite? Trage die Zahl ein!

Auf Seite ＿＿ steht zwei Mal **Polizisten**.

Auf Seite ＿＿ steht ein Mal **Holzbalken**.

Auf Seite ＿＿ steht ein Mal **Sensation**.

Kreuz und quer

Fülle die Kästchen aus!
Schreibe Großbuchstaben:
Hof → HOF

Rätsel für die Rabenpost

Fülle die Lücken aus. Trage die Buchstaben in die richtigen Kästchen ein. So findest du das Lösungswort für die Rabenpost heraus!

Leon hat Lunas fliegendes

| | F | | 5 | bemalt. (Seite 10)

Die Kinder zeichnen

| | 1 | 2 | D | | E |

Sterne auf Stellas Fell. (Seite 26)

Klara geht in die erste

| | 3 | S | S | | . (Seite 52)

Basti schüttelt sich vor

| L | | C | | 4 | . (Seite 68)

Lösungswort

| V | 1 | 2 | 3 | M | O | 4 | 5 |

Hast du das Lösungswort herausgefunden?
Dann kannst du jetzt tolle Preise gewinnen.

Gib das Lösungswort auf der Leserabe-Website
ein oder schick es mit der
Post an folgende Adresse:

An den Leseraben
Rabenpost
Postfach 2007
88190 Ravensburg
Deutschland

Lösungswort

An
den LESERABEN
RABENPOST
Postfach 2007
88190 Ravensburg
Deutschland

**Bitte frage
deine Eltern!***

* Wir verwenden die Daten der Einsender nur für das Gewinnspiel und nicht für weitere Zwecke.
Alle weiteren Informationen zum Datenschutz und über unser Gewinnspiel findet ihr unter www.leserabe.de.

Leichter lesen lernen mit der Silbenmethode

Fee Federleicht und das Einhorn
Annette Neubauer · Betina Gotzen-Beek

ISBN 978-3-473-**46230**-8*
ISBN 978-3-619-**14603**-1**

Der verhexte Schulranzen
Katja Königsberg · Stephan Pricken

ISBN 978-3-473-**46275**-9*
ISBN 978-3-619-**14341**-2**

Baumhausgeschichten
Martin Klein · Steffie Decker

ISBN 978-3-473-**46194**-3*
ISBN 978-3-619-**14452**-5**

Fußballgeschichten
Manfred Mai · Martin Lenz · Eike Marcus

ISBN 978-3-473-**46193**-6*
ISBN 978-3-619-**14602**-4**

Krimigeschichten zum Mitraten
Fabian Lenk · Wilfried Gebhard

ISBN 978-3-473-**46231**-5*
ISBN 978-3-619-**14344**-3**

Pferdegeschichten
Julia Boehme · Dorothea Ackroyd

ISBN 978-3-473-**46274**-2*
ISBN 978-3-619-**14606**-2**

Ein Fall für den Mäusedetektiv
Claudia Ondracek · Patrick Wirbeleit

ISBN 978-3-473-**38556**-0*
ISBN 978-3-619-**14609**-3**

Hilfe, ich bin ein Vampir!
Susan Niessen · Frédéric Bertrand

ISBN 978-3-473-**38553**-9*
ISBN 978-3-619-**14447**-1**

Ein Fall für die Kichererbsen
Katja Reider

ISBN 978-3-473-**38568**-3*
ISBN 978-3-619-**14481**-5**

Im Labyrinth der Finsternis
Fabian Lenk

ISBN 978-3-473-**38565**-2*
ISBN 978-3-619-**14480**-8**

** **Gebundene Ausgabe** bei Mildenberger   * **Broschierte Ausgabe** bei Ravensburger

Mit Rätseln zum Leseprofi!

ISBN 978-3-473-48962-6

ISBN 978-3-473-48986-2

ISBN 978-3-473-48987-9

ISBN 978-3-473-48961-9

ISBN 978-3-473-48944-2

ISBN 978-3-473-48988-6

ISBN 978-3-473-48989-3

ISBN 978-3-473-48940-4

ERZ 23 005

Leserabe

Lesen lernen wie im Flug!

In drei Stufen vom Lesestarter zum Leseprofi

Vor-Lesestufe
Ab Vorschule

ISBN 978-3-473-46213-1

ISBN 978-3-473-46273-5

ISBN 978-3-473-46282-7

1. Lesestufe
Ab 1. Klasse

ISBN 978-3-473-46218-6

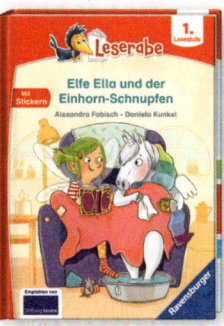

ISBN 978-3-473-46212-4

ISBN 978-3-473-46172-1

2. Lesestufe
Ab 2. Klasse

ISBN 978-3-473-46283-4

ISBN 978-3-473-46059-5

ISBN 978-3-473-46028-1

... und viele Bücher mehr!

ERZ 23 008